CB050300

"Você pode já ter buscado ajuda em algum outro livro sobre esse mesmo assunto. Talvez o autor tenha sugerido que você é capaz de sobreviver num ambiente pequeno mas bem organizado, fresco e padronizado, praticando a única e verdadeira regra da administração do tempo."

"Cada minuto que gastamos enfrentando a frustração de uma tarefa que parece insuportável é um minuto subtraído do tempo de que dispomos para aproveitar a vida."

COMO ADMINISTRAR SEU TEMPO

24 lições para se tornar proativo
e aproveitar cada minuto no trabalho

Marc Mancini

SEXTANTE

Título original: *Time Management*
Copyright © 2007 por Marc Mancini
Copyright da tradução © 2006 por GMT Editores Ltda.
Todos os direitos reservados. Nenhuma parte deste livro pode ser reproduzida sob quaisquer meios existentes sem autorização por escrito dos editores.

tradução: William Lagos
preparo de originais: Alice Dias
revisão: Sérgio Bellinello Soares e Sônia Peçanha
projeto gráfico e capa: Retina 78
diagramação: Marcia Raed
impressão e acabamento: Yangraf Gráfica e Editora Ltda.

CIP-BRASIL. CATALOGAÇÃO-NA-FONTE
SINDICATO NACIONAL DOS EDITORES DE LIVROS, RJ

M237c

Mancini, Marc
 Como administrar seu tempo: 24 lições para se tornar proativo e aproveitar cada minuto no trabalho / Marc Mancini [tradução de Luis Humberto William Lagos Teixeira Guedes]. – Rio de Janeiro: Sextante, 2007.

Tradução de: Time management
ISBN 978-85-7542-332-5

1. Administração de tempo. 2. Auto-realização (Psicologia). I. Título.

07-3496
CDD: 640.43
CDU: 64.061.4

Todos os direitos reservados, no Brasil, por
GMT Editores Ltda.
Rua Voluntários da Pátria, 45/1.404 – Botafogo
22270-000 – Rio de Janeiro – RJ
Tel.: (21) 2538-4100 – Fax: (21) 2286-9244
E-mail: atendimento@esextante.com.br

SUMÁRIO

24 etapas para obter melhores resultados no emprego de seu tempo **06**

Descubra como você usa seu tempo **08**

Use o bom senso **11**

Inclua a diversão em sua programação **14**

Assuma o controle de seu espaço **17**

Adapte as estratégias às suas necessidades **19**

Estabeleça prioridades usando o sistema ABC **22**

Organize suas prioridades usando fichas ou etiquetas **25**

Fique atento às prioridades e faça as mudanças necessárias **27**

Tenha sempre em mente a relação custo-benefício **29**

Defina suas prioridades com o Princípio 80/20 **32**

Faça as coisas dentro dos prazos **34**

Estabeleça objetivos e encontre tempo para eles **37**

Agrupe as tarefas a partir de padrões **40**

Aprenda a delegar com eficiência **43**

Saiba dizer não **46**

Antecipe e planeje **49**

Socialize-se de maneira adequada **52**

Saiba onde estão suas coisas **55**

Ponha tudo por escrito **58**

Aproveite o tempo de deslocamentos e viagens **60**

Leia menos, porém melhor **63**

Aprenda a encerrar uma conversa **66**

Empregue as novas ferramentas com critério **69**

Ajuste as ferramentas às suas necessidades **72**

◎ 24 ETAPAS PARA OBTER MELHORES RESULTADOS NO EMPREGO DE SEU TEMPO

O tempo é finito. Dispomos somente de um certo número de horas para colocar em prática o que devemos e o que queremos fazer. Quando administramos melhor o nosso dia, reduzimos a tensão e a frustração, ficamos mais autoconfiantes e, de modo geral, nos sentimos melhor. Espero que este livro o ajude a fazer isso. Espero também que ele o torne mais produtivo e que auxilie seus colaboradores a planejarem melhor o tempo *deles*, de forma que se tornem igualmente eficientes. Finalmente, torço para que você consiga ter mais chances de aproveitar sua família e seus amigos e que se sinta inspirado a utilizar os ensinamentos destas páginas em outras áreas da sua vida.

É preciso lembrar que nem toda estratégia, dica ou técnica apresentada aqui irá funcionar com você. Mas é assim mesmo que tem de ser.

Somos todos diferentes uns dos outros. Cada um de nós vive e trabalha de maneira diferente e por isso alcança o sucesso através de caminhos distintos. Portanto, não há um jeito "certo" e um jeito "errado" de administrar o tempo. O jeito certo é aquele que faz você obter os *resultados* que realmente deseja.

Há muitas formas de mudar a maneira como agimos e de

encontrar meios de fazer as mesmas coisas com mais eficiência. Este livro oferece algumas sugestões para ajudá-lo nisso, mas você deve selecionar as estratégias mais apropriadas ao seu estilo de vida e à situação em que se encontra. É importante que você escolha aquelas que lhe dão mais confiança em sua própria capacidade de organização.

Quando você começar a leitura, provavelmente vai achar que já sabe de tudo o que está escrito aqui. O.k., talvez saiba mesmo, mas será que está *usando* todo esse conhecimento? Afinal de contas, ser capaz de administrar o tempo não é uma questão de aprender estratégias e técnicas e sim de aplicá-las na prática.

Se você já leu outros livros sobre este assunto, talvez esteja um pouco desmotivado ou desacreditado devido à disciplina rígida que eles pregavam. Mesmo que agora você se sinta culpado por perder novamente o seu tempo insistindo na mesma coisa, acredite: *há esperança*. É disso que trata este livro.

"Talvez possamos nos tornar muito mais produtivos do que qualquer outra geração ao longo da história. E nós temos as ferramentas que podem nos ajudar a administrar o tempo. Só precisamos nos abrir para a mudança."

EMPREGUE TODAS AS ESTRATÉGIAS

DESCUBRA COMO VOCÊ USA SEU TEMPO

Cada um de nós é único. Percebemos e processamos as coisas de maneiras diferentes, usamos o tempo de formas diversas. Portanto, nenhum estilo de administração ou gerenciamento serve para todos.

Antes que você consiga começar a organizar melhor seu tempo, precisa identificar a forma como tem agido até agora. Que escolhas você está fazendo, consciente ou inconscientemente?

Qual é o seu estilo organizacional? De que maneira você emprega seu tempo?

- Você mantém uma agenda diária?
- Você tira cópia de cada documento que assina?
- Em geral, confirma antecipadamente seus compromissos?
- Você tenta retornar telefonemas dentro de 24 horas?
- Quando chega em casa, sempre coloca as chaves no mesmo lugar?
- Você costuma ter papel e caneta perto do telefone?
- Se você ficar doente amanhã, existe alguém que possa assumir temporariamente suas responsabilidades no trabalho?
- Você tem um arquivo para seus documentos particulares?
- Tem o hábito de levar algo para ler quando tem hora marcada em algum consultório?

Quanto mais respostas "sim" você tiver dado para as questões anteriores, melhor.

- Você perdeu a data de vencimento de alguma conta nos últimos três meses?
- Você leva trabalho para casa mais de uma vez por semana?
- Fica trabalhando além do seu horário mais de duas vezes por semana?
- Existe alguma atividade em que você esteja envolvido que o deixe aborrecido?
- Você evita responder telefonemas quando não gosta do interlocutor ou quando o assunto o faz sentir-se desconfortável?
- Pedaços de papel com números de telefone, endereços, anotações, etc. se acumulam em sua mesa de trabalho ou superlotam seus bolsos?

Aqui as respostas "sim" identificam fatores que o fazem perder tempo.

Avalie seu comportamento com honestidade e identifique as áreas de sua vida que mais precisam de ajuda. Aqui estão três pontos que podem lhe servir de guia:

Examine a maneira como você se sente a respeito do tempo: Ele é suficiente para você? É um fator de pressão ou um inimigo? É um recurso que você utiliza para atingir seus objetivos?

Verifique o modo como você gasta seu tempo: Tome nota de suas atividades e do tempo que gasta com cada uma delas. Então responda: Que tarefas em seu trabalho ocupam a maior parte de seu dia? Que compromissos pessoais exigem mais tempo? O que poderia ter sido resolvido mais rapidamente?

Avalie seu controle: Faça uma lista de suas atividades usuais e atribua um valor de 1 (você não tem nenhum controle) até 5 (você dispõe de controle total). Então, concentre-se nas atividades marcadas com 4 (sobre as quais você tem um domínio quase completo) e tente aumentar esse poder ao máximo. Depois de obter sucesso, passe para as atividades que você classificou como 3.

> "Cada um de nós tem uma perspectiva pessoal do tempo, mas a maioria das pessoas nem se dá conta de que possui sentimentos a respeito dele. Muitas não têm noção de como seu tempo é gasto."

MELHORE O USO QUE VOCÊ FAZ DO TEMPO

🎯 USE O BOM SENSO

Dentre todos os mitos que existem sobre o tempo, o meu preferido é o seguinte: "Administração do tempo é apenas outro nome para comportamento obsessivo."

Uma *obsessão* é um pensamento persistente e, freqüentemente, irracional. Todos ficamos obcecados pelo tempo em algum momento da vida. Mas ações obsessivas ocasionais, em geral, não dão origem a qualquer problema.

Por outro lado, é comum e perigosa a obsessão constante com o tempo que está passando. Todos conhecemos pessoas viciadas em trabalho, que precisam sempre descobrir um jeito de chegar ao escritório 30 segundos antes. Sentem-se obrigadas a ler e fazer relatórios durante um vôo ou em uma viagem de metrô. Têm de limpar suas escrivaninhas a todo momento, a fim de se sentirem perfeitamente organizadas.

Responda às seguintes perguntas:
- Você se sente culpado quando não trabalha no fim de semana?
- Você fica na empresa até depois do seu horário mais de uma vez por semana?
- Você tenta chegar exatamente na hora marcada para seus compromissos – nem mais cedo nem mais tarde?

- Você fica com raiva diante de um sinal vermelho quando está dirigindo?
- Quando está fazendo compras, fica irritado porque as outras filas estão andando mais depressa?
- Você assina mais de seis revistas mensais e se sente culpado se não consegue ler uma delas?
- Você odeia tirar férias porque acha que seu trabalho vai atrasar?
- Quando o telefone da sua casa toca, você é sempre o primeiro a atender, mesmo se estiver ocupado com alguma coisa importante?

Se você respondeu "sim" a cinco ou mais dessas perguntas, provavelmente se encontra numa "zona de perigo" em relação à obsessão. Definitivamente, você está precisando dos conselhos apresentados neste livro.

A administração do tempo consiste em uma série de escolhas e requer a determinação de prioridades. Quando fazemos isso, aceitamos o fato de que o tempo naturalmente impõe limites a essas escolhas. Seja sensato. Veja as três sugestões:

Elimine os comportamentos obsessivo-compulsivos enquanto eles ainda são simples, empregando a técnica dos quatro Rs: *Reconheça* que esse comportamento produz mais tensão do que resultados. *Raciocine* que abandoná-lo vai lhe fazer bem. *Resolva* desistir desse hábito. *Reveja* seu comportamento, adotando uma atitude menos estressante, mas igualmente eficaz.

Seja sensato: Aceite o fato de que nem sempre é inteligente tentar descobrir a solução mais eficiente. Não fique obcecado com isso; algumas vezes é melhor escolher a solução que é apenas muito boa.

Tenha cuidado com o que os psicólogos chamam de comportamento "tipo A": As pessoas classificadas como "tipo A" organizam agendas pouco racionais, estabelecem alvos impossíveis ou inapropriados e executam tarefas demais em tempo de menos. Não se deixe seduzir por esse padrão. Tente evitar relacionamentos muito íntimos com pessoas que se comportam dessa maneira, porque essa atitude pode ser contagiosa.

> "Uma das mais comuns (e mais nocivas) faces do comportamento obsessivo – que pode de fato interferir na eficiência e na produtividade – é o perfeccionismo. A ilusão de que podem fazer tudo de maneira perfeita impede que algumas pessoas consigam fazer qualquer coisa de forma suficientemente boa."

○ MANTENHA SUA AGENDA LIVRE

◉ INCLUA A DIVERSÃO EM SUA PROGRAMAÇÃO

A segunda mentira de que mais gosto sobre o planejamento do tempo é: "A administração do tempo extingue a espontaneidade e a alegria."

As pessoas que administram bem o tempo conseguem reservar algumas horas para o lazer. Elas sabem o que deve ser organizado e o que não é necessário. As pessoas que não se preocupam em fazer isso se divertem menos devido à desorganização, à falta de prioridades e ao estresse.

Ao aprender as lições de planejamento ensinadas aqui, você poderá gozar de maior espontaneidade e reconhecer oportunidades que aparecerem inesperadamente em seu caminho. Algumas vezes, as melhores idéias surgem quando estamos nos divertindo.

Isso também acontece na vida profissional. A produtividade não é meramente uma questão de trabalho e tempo – envolve um compromisso psicológico. Somos mais produtivos quando gostamos do que fazemos, quando temos confiança de que estamos fazendo bem, quando podemos aproveitar as oportunidades e quando não somos distraídos pelo sentimento de que deveríamos estar fazendo outra coisa.

É importante gostar do trabalho e se sentir motivado por ele. É claro que não é possível adorar todas as nossas tarefas, mas podemos aumentar a satisfação que sentimos ao realizá-las.

Esse ponto é especialmente importante para os gerentes, porque eles lideram pelo exemplo. Se você demonstra prazer em fazer o seu trabalho, é mais fácil para os integrantes da sua equipe sentirem-se bem com aquilo que eles próprios estão fazendo. Da mesma forma, se você parece sempre exausto, irá solapar a motivação daqueles que o rodeiam.

A administração do tempo pode ajudar a reduzir a tensão. Freqüentemente nos sentimos assoberbados por fatores que se encontram totalmente fora de nosso controle – e essa é a causa mais comum do estresse. Desse modo, quando aprendemos a organizar melhor aquilo que conseguimos controlar, diminuímos esse desconforto.

As pessoas menos vulneráveis ao estresse tendem a exibir as seguintes características:
- Têm muitos amigos e conhecidos.
- Fazem suas refeições em intervalos regulares.
- Dormem bem.
- Bebem pouco álcool, não fumam e raramente tomam café.
- São saudáveis, mantêm o peso ideal e fazem exercícios regularmente.
- Têm uma renda estável, que lhes permite viver com conforto.
- Têm fortes crenças espirituais.
- São afetuosas e demonstram seus sentimentos abertamente.
- Pertencem a pelo menos um grupo social.

Neutralize os efeitos do estresse desenvolvendo um estilo de vida mais saudável. Eis três maneiras de se conseguir isso: **Planeje formas de aproveitar a vida:** Faça uma lista das atividades de que mais gosta. Se não se dedicou a pelo menos duas delas durante o último mês, ajuste o seu tempo de modo que você possa se divertir mais.

Lute contra o estresse: Gerencie melhor o que está sob seu controle. Reduza a pressão de ter de se dedicar a muitas atividades ao mesmo tempo.

Minimize a tensão: Torne-se mais resistente a ela. Desenvolva atitudes mais saudáveis para reduzir seus efeitos.

"Ao invés de prejudicar a criatividade e diminuir o prazer, a administração correta do tempo pode, de fato, criar oportunidades para melhor aproveitá-los."

NÃO LUTE CONTRA O SISTEMA

ASSUMA O CONTROLE DE SEU ESPAÇO

Minha terceira mentira favorita: "Talvez eu até seja capaz de colocar meu serviço em ordem, mas a empresa onde trabalho nunca vai conseguir ser organizada."

Até que ponto você pode controlar seu ambiente de trabalho?

É fácil ter uma atitude desdenhosa em relação ao escritório ou à empresa. Mas isso, em geral, só faz você se sentir pior.

Existem maneiras de minimizar certos tipos de desorganização sistêmica e má administração do tempo corporativo ou, pelo menos, de reduzir seus efeitos. O segredo é assumir o comando da situação sempre que notar que é possível.

Você não acredita que é capaz de controlar seu ambiente? Tem medo de tentar ou de fracassar? Você acha que aceitar mais responsabilidades simplesmente irá tornar sua situação ainda mais complicada? Estudos demonstram que, quanto mais domínio uma pessoa tiver sobre a maneira como realiza seu trabalho, mais satisfatória se tornará sua vida pessoal e profissional.

Ouse pensar grande. Por exemplo, talvez você possa participar de um comitê para distribuir melhor as responsabilidades dentro da empresa. Se você ajudar na criação do processo, pode até conseguir melhorar sua própria situação.

Você também pode fazer mudanças menores. Se as pessoas não sabem onde colocam seus documentos, faça uma cópia extra de todos os papéis importantes. Se elas não cumprem os prazos, divida o trabalho em etapas e estabeleça uma data-limite para cada uma delas. É claro que algumas formas de desorganização estão fora de seu controle. Se sua maneira de trabalhar não combina com a filosofia de sua firma, você tem três opções: adaptar-se ao estilo dela, organizar o que for possível dentro do seu espaço ou então procurar outra empresa em que você se sinta mais confortável.

As três sugestões abaixo vão servir de inspiração:

Estabeleça um horário de descanso: Muitas pessoas sofrem com a falta de tempo. Encoraje sua companhia a adotar outra postura. Sugira a "hora de reabastecimento" uma vez por mês ou por semana, para que os funcionários possam se reunir em uma sala sem telefones, fazer um lanche e bater papo – nenhum assunto relacionado ao trabalho será permitido!

Reduza as interrupções: Se as pessoas o interrompem demais, peça permissão para trabalhar parte do tempo em casa ou ter um horário mais flexível. Combine com seus colegas a melhor maneira de vocês se comunicarem, mas estabeleça também uma hora por dia em que não deseja receber telefonemas nem visitas – exceto em casos de emergência, lógico.

Saiba distinguir o possível do impossível: Organize o que você pode organizar. Aceite o que está fora de seu controle. Seja esperto o bastante para reconhecer a diferença entre os dois casos.

"É sempre possível ser uma ilha de calma em um oceano de confusões, se você assumir o controle – pelo menos – de suas próprias responsabilidades."

USE TODAS AS ESTRATÉGIAS DISPONÍVEIS PARA A ADMINISTRAÇÃO DO TEMPO

ADAPTE AS ESTRATÉGIAS ÀS SUAS NECESSIDADES

Minha quarta e última mentira favorita sobre a administração do tempo é: "Uma estratégia serve para todos." Como todas as pessoas são diferentes, cada uma deve adotar o estilo de gerenciamento de tempo que seja mais adequado às suas próprias necessidades. Alguns princípios até se aplicam à maioria de nós (como estabelecer prioridades, planejar com antecedência, delegar responsabilidades), mas outros precisam ser adaptados, levando em consideração as demandas individuais.

Se você prefere completar um projeto antes de passar para o seguinte, significa que trabalha de forma linear. Mas você pode ter uma abordagem holística, realizando várias tarefas ao mesmo tempo, alternadamente. Ou você pode funcionar como um velocista: jogar toda a sua energia num primeiro momento e depois se reabastecer com períodos de descanso ou de baixa atividade. Ou talvez produza como se estivesse numa maratona: usa um ritmo mais lento, porém firme e constante.

Qualquer que seja o seu estilo, deve adaptar as técnicas às suas características psicológicas e fisiológicas pessoais. Nem sempre será possível fazer isso, mas é importante que você reconheça e aceite sua individualidade sempre que se dispuser a aplicar princípios de administração do tempo.

O mundo corporativo também tem atitudes diferenciadas em relação ao tempo. Algumas empresas adotam uma cultura mais informal e menos hierárquica, valorizando mais a criatividade do que a eficiência. Muitas firmas de alta tecnologia dependem mais de pesquisa e desenvolvimento – o que requer um pensamento não-linear – do que as empresas tradicionais. Outras baseiam suas atividades em organização, velocidade e eficiência.

O segredo é se ajustar a outras culturas e estilos e ajudar os outros a se adaptarem à maneira como você trabalha. Se você acreditar que pode gerenciar seu próprio tempo, ficará livre para encontrar alegria em uma vida bem organizada e para superar as barreiras que o impedem de cuidar melhor de sua rotina. Experimente as três sugestões abaixo:

Seja sensível às diferenças individuais: Cada um de nós tem um jeito próprio de utilizar o tempo. Mas muitas vezes podemos aprender com as outras pessoas as técnicas que elas usam para organizar seu trabalho e sua vida.

Pense regionalmente: Os conceitos e expectativas sobre o tempo variam de região para região, algumas vezes até de cidade para cidade. Fique atento a isso.

Pense em termos mundiais: O mundo pode ter se tornado uma "aldeia global", mas ainda existem diferenças culturais abundantes. A utilização do tempo está profundamente inserida na realidade local. Se você faz negócios com companhias estrangeiras, familiarizar-se com sua cultura irá melhorar seu relacionamento com esses clientes. Se algum de seus colegas de trabalho é oriundo de outro país, você deve mostrar-se sensível a quaisquer diferenças ligadas à sua origem. Você também pode ajudá-lo a se adaptar a seu novo ambiente.

"Infelizmente, a maior parte dos livros e métodos de administração do tempo presume que um único estilo pode servir para todos. A experiência ensina que essa suposição está muito longe da verdade."

TUDO O QUE TIVER PARA FAZER, FAÇA AGORA

ESTABELEÇA PRIORIDADES USANDO O SISTEMA ABC

Uma opção para estabelecer prioridades é usar o sistema ABC. Esse sistema, recomendado por praticamente todos os especialistas em administração do tempo (principalmente o consultor Alan Lakein) e praticado por mais pessoas do que qualquer outro, é o "avô" das estratégias de priorização.

É bastante simples. Primeiro, você atribui a cada tarefa a ser feita um conceito A, B ou C.

Atribua um **A** se a tarefa *deve* ser feita – e tem de ser feita logo. Uma tarefa A pode produzir resultados extraordinários. Se não for cumprida, as conseqüências podem gerar problemas sérios, desagradáveis ou desastrosos. A = crítico e imediato.

Classifique como **B** a tarefa que *precisa* ser feita em seguida. Uma tarefa B não é tão urgente quanto uma A, mas ainda assim é importante. Se for adiada por muito tempo, ela pode facilmente alcançar o nível de prioridade A. B = importante, mas um pouco menos sensível ao tempo.

Avalie como **C** a tarefa que *possa ser adiada* sem conseqüências terríveis. Algumas atividades podem permanecer no nível C indefinidamente. Outras irão subir eventualmente para B e acabarão adquirindo status de A. C = não existe urgência – por enquanto.

Algumas vezes, você pode querer ou precisar rotular outras tarefas como D:
Atribui-se o D quando a tarefa não é realmente necessária. Seria bom arranjar tempo para executá-la, mas ela pode ser totalmente ignorada, sem nenhum efeito sério ou adverso. Algumas vezes, todavia, uma tarefa D pode produzir benefícios surpreendentes.
D = opcional.

Esse sistema lhe permite ser mais objetivo em relação à prioridade das atividades que terá de executar. Caso se depare com vários itens com o mesmo conceito, crie subclasses como A-1, A-2, A-3, etc. Ao fazer isso, lembre-se de que o tempo de que você dispõe é mais relevante do que a importância atribuída à tarefa.

Em outras palavras, um trabalho que for mais *urgente* precisa ser feito antes de um que seja mais *importante*.

Tente estas três idéias para estabelecer suas prioridades:

Valorize seu sistema de organização: Classifique como A, B ou C cada item que estiver em sua lista. É claro que essa recomendação presume que você adote algum sistema de organização – se não fez isso ainda, faça agora. Identificar suas tarefas por ordem de prioridade pode ajudá-lo a redefinir a verdadeira importância de cada pendência que anotou em sua agenda.

Valorize sua lista de "coisas a fazer": Primeiro, faça a lista de forma casual, à medida que for se lembrando. Depois, identifique cada item com uma letra, de acordo com o conceito atribuído. Essa lista deve orientar toda a sua agenda e determinar seus prazos.

Equipe sua mesa com três ou quatro prateleiras: Coloque um A na prateleira superior, abaixo dela coloque um B e na seguinte, um C. Se quiser, crie uma quarta prateleira com a letra D. Ponha cada projeto ou trabalho em andamento dentro de uma pasta e coloque-a na posição adequada. Todas as manhãs, revise as prateleiras superiores, promovendo para A os itens B que forem necessários. A cada sexta-feira, verifique as prateleiras C e D para ver se existem pendências que devem ser movidas mais para cima.

> "A beleza do sistema ABC é que ele ajuda a eliminar as emoções que você possa ter desenvolvido com relação a cada tarefa."

TUDO O QUE TIVER PARA FAZER, FAÇA AGORA

⊙ ORGANIZE SUAS PRIORIDADES USANDO FICHAS OU ETIQUETAS

Uma segunda opção para você classificar suas prioridades é aplicar o mesmo sistema ABC, porém utilizando fichas ou etiquetas adesivas. Talvez esse método possa funcionar melhor para você. Escreva cada uma de suas tarefas em uma ficha separada. Coloque os cartões sobre uma superfície plana e depois organize suas atividades por ordem de urgência ou importância.

Você pode fazer a mesma coisa usando as etiquetas, mas vai precisar de uma superfície horizontal para colá-las. Esse é um bom recurso para quando há várias pessoas envolvidas no mesmo trabalho. Outra alternativa é usar um quadro metálico e adesivos imantados, o que lhe permite movimentar as tarefas à vontade.

Esse sistema de organização apresenta três consideráveis vantagens: Primeiro, muita gente se sente mais livre ao trabalhar com peças, etiquetas ou fichas, já que os itens podem ser movidos e reorganizados mais facilmente do que se estivessem escritos em uma lista.

Em segundo lugar, esse sistema permite o trabalho em equipe, porque diversas pessoas podem ver e manipular as etiquetas ou fichas ao mesmo tempo.

A terceira e mais importante vantagem é que esse método possibilita identificar com um único olhar qual será sua próxima tarefa, sem ficar remexendo em sua escrivaninha ou correndo os dedos por uma lista – e isso irá poupar alguns minutos de seu precioso tempo.

Comece a praticar agora, seguindo as recomendações abaixo:
Arquive de acordo com suas prioridades: Você pode usar pastas em vez de fichas ou etiquetas. Prepare 31 pastas, uma para cada dia do mês, e coloque-as em um fichário. Arquive cada tarefa na pasta respectiva, de acordo com sua urgência. Quanto mais premente for o item, mais próxima deverá ser a data em que ficará guardada. Se uma atividade deve ser realizada em determinado dia, coloque-a na pasta anterior para lhe chamar a atenção. Quando chegar o dia, mova para o lugar correto.

Chame a sua própria atenção: Se você é fã da tecnologia, use um programa de computador que o avise de seus compromissos. Se prefere lidar com papel, use uma agenda ou um bloco e anote suas obrigações e tarefas nas datas correspondentes.

Priorize, reflita e revise: Independentemente do sistema que você utilizar, o melhor momento para organizar suas prioridades é durante a tarde ou a noite do dia anterior – nunca na manhã do dia em que as tarefas devem ser executadas. Dessa forma, você pode descansar a cabeça depois de completar sua lista e então revisá-la na manhã seguinte, se achar necessário. Talvez você descubra alguma coisa que queira mudar.

> "Tempo é vida. É irreversível e insubstituível.
> Desperdiçar seu tempo é desperdiçar sua vida,
> mas dominar seu tempo é dominar
> sua vida e obter dela o máximo resultado."
> ALAN LAKEIN, AUTOR DE *HOW TO GET CONTROL OF YOUR TIME AND YOUR LIFE* (COMO ASSUMIR O CONTROLE DE SEU TEMPO E DE SUA VIDA)

TUDO O QUE TIVER PARA FAZER, FAÇA AGORA

🎯 FIQUE ATENTO ÀS PRIORIDADES E FAÇA AS MUDANÇAS NECESSÁRIAS

Uma terceira opção para o estabelecimento de prioridades é o sistema de inventário.

Essa é outra variação do sistema ABC, com a diferença de que é orientada *para os resultados* e funciona por meio de modificação de comportamentos. Você prioriza suas tarefas empregando o mesmo método – embora nesse caso seja mais fácil usar 1, 2 e 3 em vez de A, B e C (a razão se tornará clara num instante). Esta é a primeira etapa.

É neste segundo passo que começam as diferenças. Ao final de cada dia, ou no início da manhã, você avalia os resultados de todas as tarefas realizadas. Dê a si mesmo uma nota, de A a F – A quando obteve sucesso, F quando nem chegou a começar o trabalho, e B, C, D ou E quando teve um desempenho intermediário. Então, analise as razões para não ter conseguido sempre o grau A. Por que você não foi capaz de cumprir a tarefa completa e perfeitamente? O que o atrapalhou?

A seguir, descubra o que precisa fazer para alterar seu comportamento ou sua situação, a fim de efetuar uma mudança em seus resultados.

Finalmente, redefina suas prioridades. Agora você já sabe por que pode ser melhor usar 1, 2 e 3, e não A, B e C: simplesmente para evitar confusão entre a classificação das tarefas e as notas atribuídas aos resultados.

Conforme foi mencionado antes, você avalia e analisa seu desempenho no final de cada dia (especialmente quando sabe que agiu bem e quer reforçar seu sentimento de satisfação) ou no início da manhã (se não obteve muito êxito e quer usar suas falhas para realizar um trabalho melhor depois).

Assim, você determina o que espera realizar durante esse dia e, no final, novamente avalia os resultados para medir seu sucesso – identificando os obstáculos e realizando as mudanças necessárias.

O sistema de inventário gasta um pouco mais de tempo que o sistema ABC simples. Mas as mudanças resultantes dessas avaliações irão economizar tempo. A modificação de comportamentos é uma estratégia significativa para a administração de seu tempo.

Veja abaixo as três etapas de forma resumida:

Avalie os resultados de cada tarefa: Faça isso no final de cada dia ou no início da manhã. Atribua notas a seu desempenho – A, B, C, D, E ou F.

Analise as razões que levaram a resultados insatisfatórios: Por que você não mereceu uma nota A? O que o impediu de cumprir a tarefa completamente?

Identifique o que deve ser mudado: Os motivos foram pessoais ou comportamentais? As causas envolveram situações ou pessoas? O que você deverá fazer para superar esses obstáculos?

> "A abordagem por inventário presume que você melhore seu desempenho revendo como conduziu o trabalho do dia e aplicando no dia seguinte o que aprendeu com seu próprio comportamento."

TUDO O QUE TIVER PARA FAZER, FAÇA AGORA

TENHA SEMPRE EM MENTE A RELAÇÃO CUSTO-BENEFÍCIO

Uma quarta técnica para estabelecer prioridades é pensar em termos de custo-benefício.

"O que eu ganho com isso?" Esta é a questão essencial quando você determina prioridades, de acordo com Stephanie Winston, autora de *Getting Organized* (Como organizar-se). Nessa abordagem, você avalia o uso de seu tempo em termos de valor e retorno financeiro. Isso faz sentido porque é fácil de medir.

Veja como funciona: as tarefas listadas abaixo representam um espectro de "valores" que vão de alto a reduzido. Nem sempre o retorno é financeiro; há outros tipos de valores a considerar: emocionais, sociais, práticos, físicos, etc.

De que modo você julgaria o valor de cada uma dessas tarefas – alto, médio ou baixo?

- Gastar parte de seu horário de almoço para retirar dinheiro num caixa eletrônico, pois descobriu que tinha pouco no bolso.
- Escrever uma carta de reclamação para uma companhia de que é cliente há muitos anos.
- Organizar seu escritório.
- Ouvir seu chefe falar sobre alguma coisa que não lhe interessa.
- Responder a três telefonemas de antigos colegas.

- Agendar uma reunião sobre uma nova política da firma que, provavelmente, será impopular.
- Escutar as lamentações de um funcionário sobre seus problemas familiares.
- Retornar um telefonema quando você não conhece o interlocutor nem tampouco o motivo da chamada.

Você achou fácil avaliar o custo-benefício de realizar cada tarefa? Suas emoções e o contexto de cada ação afetam suas decisões. O *agendamento* de tarefas deve ser lógico. Qual é o seu critério para avaliar a importância de cada atividade? E como você atribui valor às ações que são interdependentes?

Algumas vezes o benefício é óbvio. Outras, não. Mas o sistema de estabelecer prioridades em função dos ganhos vale a pena porque leva em conta tanto os valores comerciais como os pessoais na classificação das tarefas.

Seguem três idéias para melhorar seu sistema:

Lembre-se do OQEGCI – "O que eu ganho com isso?": É essa resposta que quase sempre motiva as pessoas a fazerem as coisas. Para modificar seu comportamento, encontre uma forma de identificar facilmente o seu OQEGCI. Aplique o mesmo tipo de raciocínio às pessoas que são subordinadas a você. Cada vez que delegar uma tarefa, comunique claramente qual vai ser o OQEGCI deles.

Faça uma lista do que "não devo fazer": Essa sugestão de Michael LeBoeuf pode tanto poupar tempo quanto energia. Inclua nessa lista as tarefas de baixa prioridade, as que você pode delegar e, especialmente, aquelas que outra pessoa já deveria ter feito.

Atribua um valor a seu tempo: Quanto você ganha por hora de trabalho? Quando está perdendo tempo (ou deixando que os outros o façam), é como se esse valor estivesse escorrendo pelo ralo. Tanto você quanto a empresa se beneficiam com o bom aproveitamento do seu tempo. E esse é um valor que você pode mensurar facilmente em termos monetários – de fato, seu próximo aumento de salário pode depender disso.

"Considerar o tempo em termos financeiros freqüentemente adiciona uma precisão mensurável à determinação de suas prioridades."

TUDO O QUE TIVER PARA FAZER, FAÇA AGORA

DEFINA SUAS PRIORIDADES COM O PRINCÍPIO 80/20

O Princípio de Pareto é mais uma opção para ajudá-lo a estabelecer suas prioridades.

Em 1906, o economista italiano Vilfredo Pareto observou que 20% dos italianos possuíam 80% das riquezas daquela nação. Ao longo do tempo, as pessoas passaram a aplicar essa proporção de 80/20 em outras situações. Durante os anos de 1930 e 1940, o pioneiro da administração de qualidade Joseph M. Juran reconheceu um princípio universal que denominou de "poucos vitais e muitos triviais". Essas duas descobertas deram origem a uma regra simples e prática: um pequeno número de itens (os "poucos vitais") são muito mais importantes que todos os demais itens reunidos (os "muitos triviais").

Veja alguns exemplos de como essa regra pode ser aplicada:
- 20% de seus produtos correspondem a 80% de suas vendas.
- 20% das pessoas causam 80% das interrupções.
- 20% de seus produtos ou serviços geram 80% das queixas de seus clientes.
- 20% de seus problemas causam 80% de suas preocupações.

Esse princípio pode ser empregado na administração do tempo porque algumas tarefas lhe dão um retorno muito maior do que outras. Você pode usá-lo para avaliar a importância relativa das atividades ao determinar suas prioridades. O segredo para uma priorização eficiente é determinar quais são os 20% das tarefas que produzem até 80% dos resultados positivos.

Se 80% de seu valor para a empresa deriva de 20% de seu trabalho, pode ser uma atitude inteligente descobrir meios para melhorar essa proporção. Aprender a aplicar o Princípio de Pareto pode aumentar sua produtividade.

Conheça mais três considerações a respeito desse princípio:

Escolha duas tarefas em cada dez: Se confiarmos na idéia de que 20% das tarefas produzem 80% dos resultados, então devemos escolher dois dentre cada dez itens em nossa lista de tarefas e investir prioritariamente neles o nosso tempo e a nossa energia.

Mantenha o foco: Freqüentemente nos sentimos assoberbados por tantas atividades. De acordo com o Princípio de Pareto, podemos ser 80% eficientes se conseguirmos atingir 20% de nossas metas. Em vez de tentar cumprir diariamente todas as tarefas, realize primeiro a mais importante em cada grupo de cinco. Desse modo você estará realizando quatro quintos de tudo o que precisa fazer.

Aceite isso apenas como uma orientação: Os números que Vilfredo Pareto encontrou se referiam apenas aos italianos ricos de um século atrás. O importante é pensar em termos de "poucos vitais" e "muitos triviais". Use esse princípio para determinar suas prioridades.

"O Princípio de Pareto, isto é, a regra 80/20, serve para lembrá-lo de focalizar 80% de seu tempo e energia nos 20% de tarefas realmente importantes. Não basta trabalhar com inteligência – é preciso trabalhar com inteligência nas tarefas certas."

F. JOHN REH

DEIXE PARA DEPOIS

FAÇA AS COISAS DENTRO DOS PRAZOS

Você tem o hábito de deixar tudo para depois? Você pode ter as suas razões, mas aqui estão algumas estratégias para ajudá-lo a mudar de atitude.

A tarefa parece desagradável?
- Resolva-a logo no começo do dia. Não perca tempo se preocupando com ela.
- Na noite anterior, deixe uma anotação sobre a tarefa num lugar onde você não possa fingir que não viu.
- Delegue sempre que for possível.
- Faça uma lista dos resultados positivos que você terá ao cumprir a tarefa e outra dos aspectos negativos se deixar de cumpri-la.
- Cada vez que tocar em um documento que necessita de ação imediata, coloque uma marca vermelha nele. À medida que os documentos marcados começarem a se avolumar, você vai perceber que precisa tomar uma atitude.

A tarefa parece assustadora?
- Divida-a em uma série de ações menores.
- Encontre um lugar em que possa completar o trabalho sem ser interrompido.

O processo da tarefa não lhe parece claro?
- Elabore um fluxograma.
- Faça um mapa das atividades a serem realizadas.
- Seus objetivos não estão claros?
- Estabeleça metas precisas.
- Defina os resultados que deseja ou precisa obter.

Você precisa esperar por outras pessoas?
- Determine prazos exatos para cada uma delas.
- Estabeleça prazos falsos, anteriores aos reais, a fim de deixar margem para possíveis atrasos.
- Comunique sua frustração em relação ao comportamento delas.
- Dê-lhes uma cópia destas três páginas.

Você tem medo de mudanças?
- Modifique o ambiente que o cerca. Mudanças a nosso redor podem nos motivar a agir de forma diferente.
- Altere suas rotinas e padrões. Mudanças internas podem estimular a ação.
- Não faça nada. Fique apenas sentado um pouco, olhando para a parede. O tédio vai servir de incentivo para iniciar alguma coisa, mesmo que desagradável.

Você está com excesso de obrigações?
- No futuro, examine bem seus compromissos antes de aceitar novas incumbências.

Você sente que não tem tempo suficiente?
- Dedique cinco minutos à tarefa que tem adiado. O difícil é começar; depois você pode gostar e nem querer parar.
- Conserve uma lista de tarefas rápidas que você pode executar nos intervalos entre os serviços grandes.

Você é viciado em trabalhar sob pressão e só realizar suas tarefas na última hora? Fazer muitas coisas em pouco tempo é perigoso. A pressa aumenta a probabilidade de erros e deixa menos tempo para que eles sejam descobertos e corrigidos. Se alguma coisa surgir de repente, pode roubar os últimos minutos que você tem antes de estourar o prazo.

Três recomendações finais:

Não tente ser perfeito: O perfeccionismo gasta tempo e energia. Será que o resultado final vale a perfeição? Se não, cumpra a tarefa tão bem quanto for necessário e parta para outras atividades.

Pense nas conseqüências: O que vai acontecer caso você não cumpra essa tarefa? Está disposto a sofrer as conseqüências disso?

Entenda suas próprias razões: Faça uma lista das coisas que estiver adiando e identifique os motivos que estão levando você a se comportar assim em relação a cada uma delas. Depois você poderá determinar o que precisa modificar em si mesmo, no seu ambiente ou nas outras pessoas. Agora vá fazer algumas dessas coisas que estão esperando em sua lista!

> "A procrastinação é o grande vilão da administração do tempo. Entra furtivamente em sua vida e depois sai correndo com um de seus bens mais preciosos – seu próprio tempo."

APENAS CUMPRA SUAS TAREFAS

ESTABELEÇA OBJETIVOS E ENCONTRE TEMPO PARA ELES

Ter objetivos é essencial para administrar bem o tempo. Reserve uma parte do dia para determinar suas metas.

É claro que assim você vai ter um pouco menos de tempo para as outras atividades, mas esta é uma das melhores estratégias para economizá-lo. Você não pode empregá-lo da melhor maneira possível se não sabe exatamente o que deseja realizar com ele – a curto e a longo prazos.

Os objetivos devem ser atingíveis (ambiciosos, mas realísticos), mensuráveis, responsáveis e com prazos bem definidos.

A cada ano, faça uma lista de três objetivos pessoais e de três profissionais que você deseja atingir, indicando o prazo que terá para realizá-los e a forma como irá colocá-los em prática. Classifique-os como A, B e C de acordo com sua prioridade. Depois coloque essa lista num lugar onde possa vê-la facilmente e usá-la como instrumento de motivação.

Quando estiver estabelecendo objetivos, fazer um planejamento sobre eles pode tornar mais simples realizá-los. Em geral, tanto seu trabalho quanto sua casa são ambientes de interação. Se certas responsabilidades requerem concentração, use a criatividade para encontrar um pouco de sossego. Aqui vão dois exemplos:

- Toda semana, identifique os períodos em que você provavelmente terá poucas interrupções. Reserve pelo menos duas horas para realizar um trabalho completo. Se estiver no escritório, faça com que os outros funcionários saibam que essas horas são sagradas. Essa estratégia pode ser aplicada até mesmo em sua casa.
- Pendure uma mensagem de "Não perturbe" na porta de seu escritório. Mantenha a porta fechada (se não tiver uma sala que possa fechar, prenda a mensagem em um lugar estratégico e bem visível). Ligue a secretária eletrônica e só retorne as ligações mais tarde. Esse método requer um pouco de tato, mas, se você for produtivo, as pessoas respeitarão sua dedicação e eficiência.

Abaixo vão mais três indicações sobre como conseguir mais tempo e liberdade no trabalho:

Agende períodos curtos de descanso: Faça pausas para relaxar, recuperar as energias e recomeçar o trabalho com mais ânimo. Deixar alguns horários vagos em sua agenda fará com que você tenha sempre um espaço para lidar com o inesperado.

Planeje seu dia com eficiência: Se o seu estômago e o seu emprego permitirem, almoce às onze horas da manhã ou às duas da tarde. Assim você terá um período de relativa calma para trabalhar entre o meio-dia e as duas horas. Outra idéia é chegar mais cedo ao escritório ou sair depois do horário. Tudo isso vai depender de seus ritmos corporais, do padrão adotado por seus colegas e da política corporativa de sua empresa. Mas ficar alguns momentos livre da presença dos outros, numa hora em que ninguém pensará em lhe telefonar – porque não vão esperar encontrá-lo – pode ser muito produtivo.

Fuja das distrações: Encontre um lugar "secreto" em que possa trabalhar sem ser interrompido. Pode ser, por exemplo, a sala de reuniões ou outro lugar pouco usado na empresa. Ou ainda um local completamente diferente, como uma biblioteca pública ou o café de uma livraria. (Essa estratégia também funciona para resolver alguns assuntos pessoais.)

"Encontrar alguns minutos a cada semana para rever seus objetivos pode trazer um resultado maravilhoso, pois lhe permitirá manter o foco necessário para usar seu tempo de maneira produtiva."

○ REALIZE AS TAREFAS À MEDIDA QUE FOREM APARECENDO

◉ AGRUPE AS TAREFAS A PARTIR DE PADRÕES

Agrupar, em administração de tempo, significa reunir tarefas que possuem algo em comum. Elas podem requerer pouco tempo e esforço ou estar relacionadas de alguma outra forma.

Você pode juntar todos os documentos que precisam ser copiados e levá-los para xerocar de uma só vez; pode pesquisar diversos assuntos numa única consulta à internet ou fazer apenas uma visita à biblioteca; ou pode reservar uma hora para dar todos os seus telefonemas. Se tiver uma secretária ou assistente, peça-lhe que tome nota dos seus recados até o momento em que estiver disponível para respondê-los. Ou então instale uma secretária eletrônica e responda aos telefonemas na hora que lhe for mais conveniente.

Algumas vezes faz sentido "agrupar ao contrário". Por exemplo, se você reparou que recebe a maior parte dos telefonemas numa determinada hora do dia, evite marcar compromissos nesse período. Tome nota da hora em que recebeu cada ligação e tente identificar padrões. Se conseguir encontrar algum, reorganize a sua agenda para deixar esse horário relativamente livre. Você pode também tentar mapear os telefonemas em diversas épocas do mês ou do ano a fim de verificar se existem variações nos modelos que havia observado.

Preste atenção em outros padrões que ocorrem em seu trabalho, como visitas e interrupções. Agende as tarefas importantes para outros horários, de forma que você possa acomodá-las com mais eficiência.

Existem padrões de comportamento pessoais também. Alguns processos biológicos influenciam nossa energia e nossos níveis de atenção. Todos já ouvimos falar que as pessoas costumam ter ritmos diferentes: algumas são mais produtivas de manhã, outras de tarde e outras ainda de noite. Identifique seu estilo e use esse conhecimento para distribuir melhor suas tarefas.

Em geral, os níveis de energia apresentam flutuações. Tente encontrar seus padrões pessoais – os períodos em que você se sente mais alerta e cheio de energia, os horários em que gostaria de fazer uma pausa e aquelas horas em que realmente precisa parar um pouco. Leve em consideração essas características, ajustando sua agenda de acordo com elas.

Conheça mais três estratégias:

Não esqueça nenhum item: A técnica do agrupamento só funciona se você não deixar furos. Se você reunir todas as suas obrigações para resolver em uma única viagem e descobrir que se esqueceu de incluir alguma, terá de fazer uma segunda viagem e a estratégia acabará perdendo o sentido.

Planeje um tempo extra para as reuniões: Sempre que marcar uma reunião, imagine que ela durará 50% a mais do que o provável. Reuniões podem implodir seu planejamento. Caso termine mais cedo, vai ser muito bom: você terá um pouco de tempo livre para realizar outras tarefas que não estavam na programação do dia.

Utilize melhor seu corpo: Empregue da melhor forma possível os seus ritmos naturais. Alimentos pesados e carboidratos (especialmente açúcares) tendem a nos deixar mais lentos. Café e refrigerantes, em geral, nos deixam um pouco mais despertos, mas apenas por um breve período. Uma refeição baseada em proteínas magras dá energia às pessoas durante horas. Uma pequena sesta também pode ajudar bastante.

> "Um dos problemas que mais atrapalham o horário da maioria das pessoas é a tendência a subestimar o tempo que vai durar uma reunião. Calcule que qualquer encontro vá demorar 50% a mais do que você acha necessário."

FAÇA VOCÊ MESMO

APRENDA A DELEGAR COM EFICIÊNCIA

Por acaso você está cumprindo tarefas que não fazem parte do seu trabalho? Talvez fosse bom aprender a delegar.

Mas, para isso, você não pode ficar com medo de perder o controle, pensar que é a única pessoa capaz de executar a tarefa corretamente, acreditar que passar o serviço adiante vai fazê-lo ficar mal aos olhos do seu chefe, ficar em dúvida se realmente tem autoridade para delegar e muito menos temer dar a impressão de que seu trabalho pode ser dispensado.

Veja as etapas básicas para delegar:

1. Identifique a tarefa.
2. Elabore um fluxograma.
3. Encontre a pessoa certa para delegar (Quem poderia fazer isso? Quem gostaria de fazer?).
4. Explique a tarefa cuidadosamente.
5. Deixe claro que tipo de benefício a pessoa poderá receber depois que tiver executado a tarefa.
6. Comunique regras e prazos.
7. Faça um relatório de progresso.
8. Responda a todas as perguntas.

9. Providencie para que a pessoa disponha de autoridade para tomar decisões e tenha acesso a todos os recursos disponíveis.
10. Registre por escrito a delegação da tarefa e envie um memorando ao funcionário encarregado contendo as etapas 4 a 7.
11. Anote a tarefa, a pessoa que ficará responsável por ela, o dia em que passou a incumbência, as datas para apresentação de relatórios e o prazo final.
12. Monitore o progresso fazendo vistorias inesperadas.
13. Avalie os resultados.
14. Reconheça o trabalho.

Finalmente, *não delegue em excesso*. Se você der a impressão de que está fugindo de suas responsabilidades, delegar vai se tornar cada vez mais difícil.

Essa técnica é um conceito-chave no gerenciamento do tempo. Delegar é uma arte sutil que requer avaliação e consideração cuidadosas.

Experimente as três sugestões a seguir:

Delegue criteriosamente: Passe a tarefa, sempre que possível, à pessoa que vai custar menos para a companhia e que seja perfeitamente capaz de cumprir as ordens. Para fazer melhor uso do tempo de qualquer funcionário, devemos passar-lhe tarefas que se enquadrem em suas habilidades e treinamento. Isso se refere a você também: delegue as responsabilidades que possam ser executadas por pessoas que custem menos do que você mesmo.

Aprenda a abrir mão do controle: Se você insistir em controlar cada detalhe de suas responsabilidades, significa que ainda não entendeu a natureza e os benefícios do controle. A não ser que seja capaz de abrir mão do domínio sobre as pequenas coisas, você terá poucas chances de estender seu poder para as grandes.

Terceirize: Pague pessoas de fora da companhia para executar determinadas tarefas. Se alguém que não é da empresa puder executar um serviço direito e cobrar menos do que vale o seu tempo, terceirize o trabalho. Assim você pode usar esse tempo economizado para realizar atividades mais importantes.

"A maioria das tarefas que custam mais para você fazer do que para outra pessoa é um desperdício de tempo. Seu valor consiste nas habilidades especiais que apenas você é capaz de aplicar em seu trabalho."

○ CONCORDE E ACEITE

⊙ SAIBA DIZER NÃO

Em administração de tempo, a palavra mais importante pode ser um simples "não".
As pessoas exigem nosso tempo e energia. Saber dizer "não" é uma habilidade fundamental.
Se alguém lhe pedir para fazer alguma coisa, pergunte exatamente o que lhe custará.
Caso decida recusar o pedido, faça o seguinte:
- Dê um bom motivo.
- Seja diplomático.
- Sugira uma troca, propondo outra forma de ajudar.

Muitas vezes é difícil dizer "não" ao ser convocado para reuniões ou comitês. Mas você pode se negar, pelo menos, a fazer coisas que desperdicem seu tempo e sua energia.
Se você estiver no comando:
- Crie uma agenda e distribua a todos os participantes da reunião com 24 horas de antecedência.
- Determine um horário para iniciar e comece na hora marcada.
- Estabeleça a hora de encerramento. Reuniões breves tendem a focar melhor o tema.

- Determine claramente os objetivos.
- Seja sensato na escolha dos tópicos que irão ser discutidos.
- Convoque para as reuniões somente as pessoas necessárias.
- Nunca faça reuniões apenas por hábito.
- Não escale uma equipe completa para uma tarefa que pode ser perfeitamente executada por uma única pessoa.
- Estimule a produtividade na reunião através de uma boa iluminação, temperatura agradável, uma arrumação equilibrada dos lugares e liberdade para interrupções.
- Faça uma lista das idéias que surgirem. Se sobrar tempo, desenvolva-as melhor.
- Faça um resumo de todas as conclusões, decisões e designações de tarefas ao final de cada reunião.
- Distribua uma ata da reunião a todos os participantes incluindo todos os acertos e conclusões.

Se você não for o responsável pela convocação da reunião, ajude a pessoa que está no comando a torná-la mais produtiva. Ofereça-se para fazer uma agenda ou anotar os detalhes do que foi discutido e redigir uma ata. Ao menos sugira que ela distribua uma programação do evento e determine o horário de conclusão. Você pode propor a criação de um "cesto de idéias". Se não houver jeito de dizer "não" para a reunião, pelo menos diga "sim" para as maneiras de melhorá-la.

Aqui estão mais três recomendações:

Saiba também dizer "sim": Em certos casos, é possível que você possa dizer "sim" para uma solicitação à qual normalmente diria "não". Encontre estratégias para produzir resultados satisfatórios e, ao mesmo tempo, desgastar-se menos.

Seja corajoso e honesto: É comum as pessoas dizerem "Deixe-me pensar um pouco para ver se posso..." como uma desculpa para não dizer "não" imediatamente – ou mesmo para tornar a recusa desnecessária. Se você não pode ou não quer fazer alguma coisa, diga logo, na hora e no local em que estiver. Atrasar uma decisão somente é justificável em situações complicadas.
Faça uma lista das responsabilidades que você deveria ter recusado: De que maneira você pode evitar esse tipo de incumbência no futuro? (É claro que algumas vezes razões "políticas" tornam impossível dizer "não".)

"Você não tem de fazer tudo o que todo mundo quer que você faça. E tampouco tem de realizar tudo da maneira que os outros querem. Se houver um jeito melhor de produzir os mesmos resultados, aprenda a dizer 'não' para a forma de execução tradicional."

FAÇA AS COISAS À MEDIDA QUE ELAS APARECEREM

ANTECIPE E PLANEJE

Qualquer coisa pode dar errado. E, quando isso acontece, sempre perdemos tempo – ou algo pior. Se pudermos nos antecipar às possibilidades, podemos fazer planos e não perder tanto.

Presuma sempre que as tarefas vão demorar mais do que o esperado. Reserve mais tempo para elas do que acha necessário.

Você pode perder tempo nos piores momentos, se ficar sem material de escritório, por exemplo. Faça um estoque dos itens fundamentais. Mantenha um inventário atualizado. Quando precisar substituir um item, adquira logo um sobressalente – e se reabasteça de uma só vez. Não corra o risco de ficar sem alguma coisa necessária.

Faça uma lista de itens importantes – em casa e no trabalho – que você não tem sobressalentes. Crie formas de protegê-los em caso de falha e comprometa-se a pôr em prática seus planos dentro de um mês no máximo.

Proteja documentos de caráter vital. Substituí-los vai custar tempo e dinheiro – e você pode nem se lembrar de tudo o que foi perdido. Minimize as possíveis conseqüências de um desastre. Tire xérox de todos os documentos importantes, profissionais ou pessoais – carteira de motorista, cartões de crédito (frente e verso), extratos bancários, escrituras, apólices de seguros, etc. Guarde cópias em um cofre e entregue outras para parentes ou amigos – preferencialmente para alguém que more em outra cidade.

Você tem documentos importantes no disco rígido de seu computador? Imprima e faça um backup em outro disco. Sempre que possível, mantenha os backups em outro local.

Tire xérox de sua agenda telefônica profissional e pessoal e de seus cartões comerciais. Se usar agendas eletrônicas, faça backups periodicamente.

Antecipar sempre é importante na administração de seu tempo. Não podemos evitar todos os problemas, mas podemos limitar seu impacto e economizar energia.

Mais três sugestões para você desenvolver sua capacidade de se antecipar:

Preste atenção ao que está acontecendo ao seu redor: Antecipar o futuro envolve conhecer o passado e o presente. Quanto mais você souber, mais facilmente reconhecerá os eventos que poderão afetá-lo.

Crie tempo: Você pode adiantar seu relógio alguns minutos ou estabelecer prazos anteriores ao verdadeiro. Para ajudar uma pessoa que tem dificuldade de terminar as tarefas na data certa, antecipe seu prazo em alguns dias, mas nunca revele que a data não era real. Não crie expectativas vagas de tempo, como "daqui a algumas horas" ou "dentro de poucos dias". Seja exato: "Preciso disso às cinco da tarde" ou "Terá de estar pronto até o meio-dia de sexta-feira".

Esteja preparado para problemas que as pessoas possam causar: Os membros de sua equipe possuem treinamento em outras áreas? Se alguém falhar ou tiver de sair, existe quem possa realizar suas tarefas? Se alguma coisa acontecer *a você*, quem poderá substituí-lo temporariamente?

> "Até que ponto você sabe se antecipar corretamente? Você transmite a impressão de que está sempre à mercê do inesperado e fica estressado quando as coisas não saem do jeito que queria?"

CONVERSE, CONVERSE, CONVERSE, CONVERSE

SOCIALIZE-SE DE MANEIRA ADEQUADA

Para onde vai todo o seu tempo?

Dos seis maiores fatores de desperdício de tempo no mundo dos negócios, o pior deles é a socialização.

O excesso de comunicação pode consumir um tempo enorme. Essa é a preocupação de muitos gerentes, por causa do efeito negativo que causa sobre a produção. Por outro lado, uma empresa que exigisse 100% de aplicação durante o horário de trabalho seria um lugar bastante rigoroso. De muitas formas, a interação social em níveis razoáveis aumenta a satisfação com o emprego e levanta o moral das pessoas. Em conseqüência, ajuda a elevar a produtividade.

É claro que a necessidade de socializar-se é influenciada pela personalidade de cada um, pelos colegas de trabalho, pela natureza do serviço, pelos requisitos das tarefas e o tempo disponível para realizá-las.

Até que ponto – e de que maneira – você deve monitorar as conversas de seus colaboradores?

Muitas empresas monitoram as chamadas telefônicas e o uso da internet. Ainda que isso garanta que os profissionais estejam empregando bem o tempo pelo qual são pagos, esse tipo de controle pode acabar sendo prejudicial. O moral dos colaboradores pode ficar seriamente abalado, se eles sentirem que a firma não confia neles. Além disso, telefonemas pessoais são algumas vezes necessários, especialmente quando se faz hora extra. Mesmo a ocasional pausa para "navegação" da rede pode servir a algum propósito útil – desde que não leve tempo demais. Pode esvaziar a mente entre duas tarefas importantes e até mesmo resultar na descoberta de informações úteis.

Você deve realmente encorajar seus colaboradores a usar o tempo de forma criteriosa e produtiva, mas esforços exagerados para banir toda comunicação pessoal, conversa e até mesmo acesso à internet podem afetar negativamente o trabalho.

E quanto a você mesmo? Até que ponto é sociável? Você precisa ter consciência de quanta interação social necessita e estabelecer limites – ou, quem sabe, buscar mais.

Aqui estão três possibilidades:

Se você for extrovertido, estabeleça limites: Se o seu trabalho for orientado para tarefas, você precisa de pausas para fazer contato, mas trate de mantê-las breves. Mas, se seu emprego for orientado para pessoas, você não precisa buscar interações – então momentos de isolamento poderão lhe fazer bem.

Se você não для extrovertido nem introvertido, mantenha o equilíbrio: Não deixe as pessoas distraí-lo. Se o seu trabalho for orientado para a tarefa, sinta-se confortável com períodos curtos de socialização; eles vão lhe fazer bem. Mas, se você trabalhar diretamente com pessoas, talvez você não precise de socialização. Momentos de tranquilidade poderão ser mais revigorantes para você do que mais contato pessoal.

Se você for introvertido, socialize-se, mas também fique sozinho: Você não se sente tentado a conversar, mas precisa de pausas curtas e freqüentes. O mais provável é que seu trabalho seja focado na tarefa. Interações ocasionais podem beneficiá-lo, especialmente com pessoas que você conheça bem. Caso em seu trabalho você tenha muito contato pessoal, buscar mais comunicação pode pesar negativamente. Procure ficar sozinho alguns momentos.

> "A socialização – em proporções razoáveis – aumenta a satisfação com o emprego, levanta o moral e, em conseqüência, eleva a produtividade. Em quantidades moderadas, é um tônico que pode melhorar a qualidade do trabalho."

PERCA TEMPO PROCURANDO SUAS COISAS

SAIBA ONDE ESTÃO SUAS COISAS

Para onde vai todo o seu tempo?

O segundo maior fator de desperdício de tempo na vida profissional é não saber onde estão as coisas.

As pessoas perdem em média três horas por semana procurando objetos "perdidos". Desse modo, se você puder encontrar rapidamente as coisas de que precisa, estará economizando tempo. Talvez a área mais problemática seja sua própria escrivaninha.

Cada um de nós tem o seu estilo de arrumar a mesa de trabalho. Você organiza seus documentos em pilhas? Vai encaixando as coisas em qualquer canto que tenha espaço? Costuma espalhar seus papéis na mesa, nas cadeiras, em cima das prateleiras e até no chão? Ou você põe etiquetas em tudo e coloca cada coisa em seu devido lugar?

Estas simples sugestões funcionam bem com a maior parte das pessoas:
- Deixe sobre sua mesa somente o projeto em que estiver trabalhando e os objetos que você costuma utilizar mais.
- Guarde pequenas provisões na primeira gaveta da sua mesa. Deixe sobre a escrivaninha apenas os itens necessários.
- Mantenha um arquivo na gaveta inferior. Você pode também

criar 31 pastas, uma para cada dia do mês, e mais 11 outras para os meses seguintes. Simplesmente arquive dentro da pasta apropriada à medida que as tarefas forem aparecendo. Então, todas as manhãs, faça uma verificação do conteúdo correspondente ao dia.

- Coloque os documentos que considera mais importantes nas gavetas inferiores.
- Instale três bandejas de entrada em sua mesa – para itens de prioridade A, B e C – e uma única bandeja de saída.

Qualquer que seja o seu estilo, reserve um grande espaço livre no centro da mesa e disponha todos os objetos ao redor. Mas apenas as coisas essenciais devem ficar ali.

Conserve a maior parte dos itens secundários, inativos ou de referência fora de sua mesa. Guarde-os em arquivos, fichários, gavetas ou um armário auxiliar.

Seguem mais três sugestões:

Avalie seu estilo de administrar a mesa de trabalho: Ele precisa estar de acordo com sua maneira de pensar. Deve se encaixar nas necessidades de seu emprego e permitir-lhe encontrar qualquer coisa rapidamente e sem dificuldades. Se o seu estilo funciona dentro desses três critérios, ótimo. Se não, considere organizar seu espaço de forma diferente.

Limpe sua mesa ao final de cada dia: Isso pode parecer impossível, caso você tenha tendência de espalhar objetos e documentos – mas, aos poucos, você se acostuma. A maioria das pessoas adquire um senso de controle maior quando sua área de trabalho é organizada ou, pelo menos, limpa. Assim, você pode se preparar melhor para enfrentar o dia seguinte.

Lembre-se de que as aparências são importantes: Talvez o método de organização de seu espaço seja eficiente para você, mas seu chefe, seus colegas e outros visitantes podem não saber disso – ou não aceitar isso. Você está projetando a imagem que deseja?

> "Embora você possa funcionar muito bem em meio ao que parece uma bagunça sem fim, os outros podem concluir que você é desorganizado, que tem mais trabalho do que pode dar conta ou, simplesmente, que é um irresponsável."

○ CONFIE EM SUA MEMÓRIA

◉ PONHA TUDO POR ESCRITO

Para onde vai todo o seu tempo?

O terceiro maior vilão do desperdício de tempo é o esquecimento.

Esta é a recomendação mais simples que existe para economizar tempo: se a coisa for importante o bastante para precisar ser lembrada, então tome nota por escrito.

Torne a vida mais fácil para sua mente: utilize-a mais para pensar e menos para lembrar coisas que poderiam facilmente ser anotadas.

Estamos cercados de informações – fatos, números, nomes. A maioria das pessoas está constantemente fazendo malabarismos mentais para se organizar. É freqüente nos lembrarmos de coisas desnecessárias e esquecermos justamente aquelas de que mais precisamos.

Caso você não consiga acessar rapidamente as informações de que precisa, *deixe-as por escrito* – em sua agenda, em uma folha de papel (para arquivar depois), em uma planilha, em um bloco ou em qualquer lugar que seja fácil de encontrar depois. Leva muito menos tempo rabiscar um lembrete do que fazer um esforço para recordar-se de um pensamento perdido. (É claro que isso só funciona se você for capaz de lembrar onde guardou suas anotações!)

Talvez essa história seja falsa, mas expressa bem a sabedoria da simplicidade:

Um jovem físico pediu a Albert Einstein seu número de telefone. Einstein pegou o anuário da universidade, localizou seu telefone, escreveu-o em uma tira de papel e entregou-o ao cientista. O jovem perguntou, estupefato: "Mas, Sr. Einstein, o senhor não sabe o número de seu próprio telefone?" O grande pensador encarou-o e respondeu: "Por que eu deveria atravancar minha mente com alguma coisa tão fácil de procurar?"

Três sugestões que o próprio Einstein poderia lhe fazer:

Empregue alguma técnica mnemônica para lembrar coisas que não pode escrever: Isso funciona muito bem para nomes de pessoas. Quando você conhecer alguém, pode associar seu nome a alguma característica física visível ou a alguma coisa arbitrária ou ilógica. Um processo mnemônico arbitrário pode funcionar tão bem quanto uma associação direta – talvez funcione até melhor, porque a associação incomum pode salientar-se dentro de sua mente.

Exercite sua memória: Se utilizarmos mais nossa mente, dificilmente perderemos sua capacidade, à medida que envelhecermos. Todavia, devemos usar nosso cérebro mais para processar informações do que apenas para armazená-las. É saudável exercitar a memória, mas é perigoso confiar nela para recordar coisas importantes.

Deixe um papel na sua carteira: Você não consegue se lembrar de carregar um pedaço de papel para fazer suas anotações? Provavelmente você sempre anda com outro tipo de papel – cédulas de dinheiro. Portanto, dobre uma folha em branco e leve-a no mesmo lugar em que costuma carregar suas notas.

> "Metade de tudo o que você lê ou escuta
> é esquecida dentro de um minuto."

◯ CONFIE EM SUA MEMÓRIA

◉ APROVEITE O TEMPO DE DESLOCAMENTOS E VIAGENS

Para onde vai todo o seu tempo?

O quarto maior item desperdiçador de tempo no mundo dos negócios são os longos deslocamentos e as viagens.

O deslocamento de casa para o trabalho – seja de automóvel, de ônibus ou de metrô – é uma atividade que consome muito tempo. Mas é possível tirar mais dessas viagens do que apenas aborrecimento e frustração. Podemos ler jornais, fazer ligações pelo celular, escutar CDs motivacionais, trabalhar no laptop e assim por diante.

É claro que você deve ser capaz de realizar essas atividades com eficiência. Além disso, é preciso ficar atento para não incomodar os outros, por exemplo, falando alto no celular ou ocupando espaço demais nos locais públicos.

Entretanto, ter a *oportunidade* de aproveitar esses momentos não significa que você tenha *obrigação* de fazê-lo. Se lhe der vontade de trabalhar enquanto viaja, trabalhe. Mas, se não quiser, não precisa sentir-se culpado por isso.

Viagens aéreas podem despender uma grande quantidade de tempo. Para reduzir suas perdas, você pode:

• Dar preferência a um vôo sem paradas ou conexões. Cada para-

da pode significar atrasos ou demoras; cada conexão, uma oportunidade a mais de perder suas malas.
- Levar sempre malas ou bolsas na mão para não perder tempo procurando sua bagagem.
- Conseguir um lugar com um assento vago ao lado sempre que possível. Um lugar vazio pode ser uma mesa para colocar suas coisas.
- A não ser que você tenha necessidade de espaço para esticar as pernas, evite sentar nos assentos da frente. Como não há poltronas diante de você, não haverá onde apoiar sua pasta.
- Se você costuma viajar com freqüência na classe econômica, utilize os programas de milhagens para pagar a diferença de preço para a classe executiva ou para a primeira classe, tornando sua viagem de negócios bem mais agradável. O conforto é importante principalmente durante viagens longas.

Vão aqui três sugestões para realizar tarefas enquanto viaja ou se desloca até o trabalho:

Execute tarefas múltiplas no estilo clássico: Algumas pessoas carregam nas pastas envelopes contendo pequenas tarefas pendentes – relatórios que precisam ser lidos, formulários a preencher e assim por diante. Onde quer que essas pessoas vão, podem trabalhar sempre que houver qualquer interrupção e tenham de esperar.

Tome cuidado ao fazer muitas coisas ao mesmo tempo: É potencialmente desastroso fazer um lanche, tomar café ou falar ao celular enquanto dirige. Se estiver em transporte público, você pode ter de manter sua atenção voltada para outros possíveis problemas – como perder a estação em que tinha de descer por ter se concentrado demais em seu trabalho.

Nunca deixe que a multitarefa se torne *obsessiva*: O sentimento de ser capaz de acumular diversas tarefas pode se tornar uma compulsão. Muitas atividades serão prejudicadas pela falta de concentração total. Além disso, chega um momento em que você não controla mais o seu trabalho – é o seu trabalho que o controla.

> "Seria muito bom que seu escritório continuasse sendo o único lugar em que você trabalha. Mas, hoje em dia, 'escritório' se transformou em um conceito portátil."

PARE DE LER

LEIA MENOS, PORÉM MELHOR

Para onde vai todo o seu tempo?

A quinta coisa que mais nos faz perder tempo é a leitura.

Ler é um excelente meio de se obter informações. Mas muitos executivos se queixam disso – não da leitura em si, mas da quantidade de material que tem de ser lido.

De fato, o número de publicações voltadas para o mercado de trabalho vem crescendo extraordinariamente, muitas delas especializadas e potencialmente importantes. Tem também a internet: muitos sites trazem informações que realmente valem a pena ser lidas. Além disso existem os e-mails: qualquer pessoa pode repassar um artigo, uma piada ou mensagens enormes para uma porção de gente – inclusive você.

A maior parte das incontáveis palavras que circulam ao nosso redor tem pouco ou nenhum valor, mas outras podem ser muito importantes e até mesmo cruciais. O que você pode fazer?

Você pode ler mais com maior eficiência e eficácia:

- No caso de relatórios, olhe primeiro o sumário. Percorra o texto rapidamente, a fim de encontrar as informações que lhe são necessárias. Insista para que as pessoas encarregadas de redigir os relatórios sempre incluam sumários.

- Sublinhe as palavras ou frases fundamentais. Escreva anotações nas margens. Tire dos relatórios apenas aquilo que você quer ou de que precisa – e torne mais fácil a localização dessas informações mais adiante.
- Passe os olhos pelas revistas para localizar artigos que lhe interessam de verdade. Leia-os assim que tiver tempo – ou então destaque as páginas e arquive para futura referência.
- Livre-se de qualquer revista especializada depois que tenham se passado alguns meses.

Algumas indicações para ler menos:
- Assine publicações que apresentem resumidamente livros, artigos e outras informações.
- Bloqueie informações irrelevantes. Se outros colaboradores da empresa regularmente lhe enviam dados de que você não necessita, procure remover seu nome da lista de e-mails deles.
- Faça uma triagem do material que recebe. Peça a um assistente que resuma ou selecione os trechos importantes dos longos relatórios. Delegue a ele a função de ler e decidir o que fazer com o que é encaminhado a você.

Finalmente há três coisas simples que você pode fazer para reduzir o número de palavras que recebe:
Jogue fora ou recicle qualquer correspondência que claramente seja "lixo": Nem se dê ao trabalho de abrir. Os marqueteiros freqüentemente enfeitam e personalizam os envelopes para tentar fazer com que sua correspondência comercial pareça conter informações importantes. Não se deixe iludir.

Limite a quantidade de e-mails indesejados: Instale um programa anti-spam em seu computador para não receber propagandas, correntes e vírus.

Cancele assinaturas: Se você recebe publicações que nunca tem tempo de ler, cancele a assinatura. Provavelmente elas vão apenas se acumulando em seu escritório. Talvez, o que é pior, você finalmente acabe lendo quando o conteúdo já ficou velho, em vez de dedicar seu tempo às informações novas contidas em outras revistas.

> "É triste quando começamos a pensar que a leitura é improdutiva. Todavia, muitos executivos a classificaram como um dos fatores que mais os fazem perder tempo."

○ TORNE-SE UM ERMITÃO

◉ APRENDA A ENCERRAR UMA CONVERSA

Para onde vai todo o seu tempo?

O sexto maior fator que rouba nosso tempo são as pessoas que não param de falar. Elas provavelmente teriam sido citadas bem antes, se o livro não tivesse incluído a "socialização" – a pior de todas as formas de perder tempo no trabalho.

Veja algumas maneiras de lidar com os "faladores".

Ao telefone:
- Telefone para eles numa hora em que provavelmente estarão com pressa (por exemplo, antes do almoço).
- Finja que foi interrompido por alguém e diga: "Sinto muito, tenho de desligar."
- Filtre seus telefonemas; mais tarde responda às chamadas por e-mail, fax ou deixando um recado na secretária eletrônica.

Pessoalmente:
- Permaneça em pé; isso vai fazer com que o "falador" se sinta menos à vontade para conversar durante muito tempo.
- Levante-se quando tiver a intenção de encerrar o assunto.
- Levante-se e peça à pessoa que acompanhe você até um deter-

minado lugar (por exemplo, a máquina de xérox). Continue a discussão enquanto tira as cópias. Quando terminar, diga-lhe "Foi um prazer conversar com você" e vire as costas para sair. Se ela for extremamente insistente, diga que precisa ir ao banheiro.

Visitantes que entram sem pedir licença:
- Se você tem uma sala com porta, tranque-a sempre que precisar evitar interrupções.
- Se trabalhar em uma baia, pendure um cartaz de "Não perturbe" em algum lugar bem à vista.
- Leve seu trabalho para outro lugar: a sala de reunião, a biblioteca, até mesmo um café ou uma lanchonete.
- Diga que tem um compromisso urgente e sugira à pessoa que volte em outra hora.
- Se o visitante for um colega de trabalho, diga que vai à sala dele assim que puder. Vai ser muito mais fácil você sair da sala dele do que conseguir que ele vá embora da sua.

Aqui vão mais três sugestões:

Utilize a linguagem do corpo: Você não precisa empregar palavras se for capaz de transmitir a mensagem que deseja através da linguagem corporal. Olhe com freqüência para seu relógio de pulso ou para um relógio de parede – mas seja óbvio. Se você estiver perto de sua escrivaninha, fique folheando sua agenda ou remexendo documentos ou pastas. Incline seu corpo para ficar um pouco mais distante de seu interlocutor. Essa posição vai deixar bem claro que você foi interrompido e tem uma outra coisa urgente para fazer.

Seja curto e grosso: No telefone ou pessoalmente, diga logo o que tem a dizer. Desde o começo, mostre que tem pouco tempo. Para acabar com a conversa, pergunte: "Podemos terminar este assunto depois?"

Monitore a si mesmo: Permaneça alerta para ver se não está transmitindo sinais que fazem os outros pensarem que *você* é o "falador". Algumas vezes, a nossa perspectiva do tempo fica diferente quando somos nós que estamos falando. Será que as pessoas estão empregando algumas das estratégias acima com você?

"Se em algum momento você começar a pensar que pode estar falando demais a respeito de algum assunto, provavelmente está."

TENHA MEDO DA TECNOLOGIA

EMPREGUE AS NOVAS FERRAMENTAS COM CRITÉRIO

Dispomos de muitos instrumentos tecnológicos que nos permitem administrar melhor o nosso tempo: telefones, secretárias eletrônicas, computadores, copiadoras, impressoras, aparelhos de fax, agendas eletrônicas portáteis, celulares, pagers, scanners...

Quando for escolher qualquer ferramenta, primeiro faça a si próprio estas cinco perguntas:

1. *Será que eu preciso mesmo disso?* Avalie seus prováveis benefícios e seus potenciais prejuízos. Se os prejuízos tiverem um peso maior do que os benefícios, então o produto pode não valer o que custa.
2. *Será que eu preciso de todas essas funções?* Qual é o modelo que apresenta todas as qualidades necessárias sem trazer um monte de dispositivos que eu nunca vou usar? Quais as vantagens de todas essas funções?
3. *É fácil de usar?* Quanto mais complexa for a ferramenta, mais tempo e energia você terá de investir para utilizá-la com eficácia. Encontre um modelo que vá lhe permitir satisfazer todas as suas necessidades da maneira mais fácil possível.
4. *Até que ponto o aparelho é confiável?* Qualquer mau funcionamento desperdiça tempo. Faça um contrato de manutenção que

forneça uma substituição temporária enquanto seu aparelho fica no conserto.
5. *Por quanto tempo irá atender às minhas necessidades?* Daqui a cinco anos esse aparelho ainda será bom o bastante? Você não pode prever o futuro, mas essa questão o forçará a imaginar suas necessidades e a pesquisar o produto. Além disso, os especialistas em tecnologia freqüentemente publicam artigos em que tentam projetar o que vem pela frente, de modo que existe, pelo menos, algum tipo de orientação.

Três pontos finais a respeito das ferramentas tecnológicas:

Conheça aquilo de que precisa: Descubra as características do aparelho que está pensando em comprar. Procure pesquisas ou artigos sobre ele, cheque na internet e fale com amigos. É preciso que você tenha uma boa idéia daquilo que o aparelho é capaz de fazer. Identifique diversos produtos que pareçam apropriados.

Adquira exatamente o que você quer: Quando você for comprar um aparelho, faça uma lista das atividades que irá desenvolver com ele. Peça ao vendedor que lhe mostre um modelo capaz de atender às suas necessidades e que lhe explique a maneira mais fácil de realizar as operações. Então pergunte sobre funções adicionais que possam melhorar seus resultados. Se você não conseguir entender as explicações, pode ser que precise de um vendedor melhor... ou então de um produto diferente.

Procure depressa, mas com cuidado: A web é uma excelente fonte de pesquisa, mas é necessário ter cuidado para usá-la de forma eficiente. Tenha em mente dois fatos essenciais. Um: a internet pode economizar seu tempo – ou devorar suas horas. Seja disciplinado. Dois: nem tudo que está na rede é verdadeiro. Trate com ceticismo qualquer fonte de cuja autoridade você não esteja plenamente seguro.

> "Dispomos de muitos instrumentos para administrar melhor nosso tempo. Alguns são produtos da tecnologia. Outros, não. Entretanto, as ferramentas de gerenciamento somente funcionam se forem utilizadas de forma adequada."

ADAPTE-SE ÀS SUAS FERRAMENTAS

AJUSTE AS FERRAMENTAS ÀS SUAS NECESSIDADES

Seu ambiente de trabalho é importante na administração do tempo. Se ele for eficiente e confortável, você poderá ser mais produtivo; caso contrário, pode roubar-lhe preciosas horas.

Um bom ambiente deve incluir:
- Uma cadeira confortável e ergonômica.
- Iluminação clara em todas as áreas.
- Temperatura constante e agradável.
- Pelo menos uma janela.
- Espaço suficiente para trabalhar.
- Locais adequados para armazenar materiais.

Modele seu escritório para obter o máximo de produtividade e conforto.

Para usar seu computador mais eficientemente, siga estes conselhos:
- Delete as pastas e arquivos que não estiverem mais em uso. Libere espaço em seu disco rígido e torne mais rápidas as pesquisas.
- Faça backups de todos os seus dados.
- Acostume-se a usar a função "salvar" com regularidade enquanto estiver trabalhando em um documento.
- Instale somente os softwares de que precisa.

- Aprenda os elementos básicos dos programas que você usa com freqüência, mas não se preocupe em dominar as características que não lhe interessam.

Os e-mails podem ser uma ótima ferramenta – desde que você minimize suas desvantagens:
- Seja breve. Um parágrafo por mensagem, em geral, é o melhor. Frases curtas têm maior poder de atrair atenção.
- Ao preencher o item "assunto", seja claro e escreva algo interessante. Muita gente apaga as mensagens sem nem sequer chegar a ler – normalmente decidindo a partir da linha do assunto.
- Se o assunto for urgente, use o telefone. Se não adiantar, envie um e-mail, mas também um fax.
- Não escreva tudo em letras maiúsculas. Frases escritas assim podem ser interpretadas como gritos e são mais difíceis de ler.
- Mande cópias somente para as pessoas que realmente precisarem saber do assunto.
- Envie mensagens longas como anexos, não como texto no corpo do e-mail. Faça um resumo do conteúdo anexo e indique que ações devem ser realizadas.
- Verifique sua caixa de entrada com regularidade, mas não constantemente.
- Apague as mensagens que não precisa guardar.
- Telefone ou escreva cartas para transmitir mensagens importantes, informações confidenciais, comunicações que possam ser mal interpretadas, más notícias e também quando um contato pessoal for mais apropriado.
- Verifique sempre sua ortografia e gramática.

- Utilize o sistema de resposta automática quando você estiver viajando, de férias ou ausente do escritório.

Arquivar também é um ato importante. Seguem três sugestões para fazer isso da melhor forma:

Escolha a ordem mais apropriada: Há quatro tipos de ordenação – alfabética, por assunto, numérica e cronológica. Sistemas híbridos normalmente funcionam melhor, como o Sistema de Classificação Decimal de Dewey, que agrupa livros primeiro por assunto e depois alfabeticamente por autor.

Dê aos arquivos nomes simples e lógicos: O melhor é colocar primeiro um substantivo e depois um modificador. Por exemplo: "Correspondências internas" e não "Internos: correspondência". Coloque os documentos de cada pasta em ordem cronológica inversa (os mais recentes na frente).

Faça uma limpeza periódica em seus arquivos: Pelo menos uma vez por mês, faça uma triagem para deixar suas pastas mais finas. A cada seis meses, retire todas as informações ultrapassadas de seus arquivos ativos. Transfira os documentos legais para os locais adequados.

> "A utilização das ferramentas apropriadas para a administração do tempo – e o emprego correto delas – é apenas uma das peças do quebra-cabeça."

"Cada um de nós tem o mesmo número de segundos para usar da forma que achar melhor, mas nem todos os usam em seu benefício e nem todos investem neles com sabedoria."

Conheça outros títulos da
Coleção Desenvolvimento Profissional

Aprenda a se comunicar com habilidade e clareza
LANI ARREDONDO

Com o desenvolvimento da tecnologia, hoje podemos nos comunicar com mais pessoas e com maior rapidez. Mas será que estamos nos comunicando melhor? A comunicação eficiente – dizer o que se quer e usar as palavras certas para produzir os resultados desejados – ainda é um grande desafio.

Esse livro ensina 24 estratégias simples para transformar qualquer pessoa em um excelente comunicador, oferecendo técnicas para você fazer apresentações eficazes, se relacionar com os outros com gentileza e objetividade e solucionar os conflitos no trabalho.

Como motivar sua equipe
ANNE BRUCE

Os executivos bem-sucedidos percebem que sua própria carreira e o sucesso da empresa dependem da eficiência da equipe. Por isso, investem num ambiente de trabalho divertido e no talento de cada colaborador. Esses líderes acreditam no poder e na influência das pessoas – e são recompensados.

Esse livro apresenta exemplos inspiradores de empresas como Disney, Levi's e Dell Computer e suas estratégias orientadas para resultados. A idéia é estimular você a colocar em prática os ensinamentos dessas corporações para extrair as melhores qualidades e habilidades das pessoas.

Aprendendo a lidar com pessoas difíceis
DR. RICK BRINKMAN E DR. RICK KIRSCHNER

Pessoas difíceis são um desafio. Na melhor das hipóteses, elas tornam a vida mais estressante e desagradável. Na pior, elas chegam a interferir em projetos pessoais e impedem a conquista de metas profissionais importantes.

Esse livro ensina a extrair o melhor desses tipos problemáticos, mesmo quando eles exibem o pior de si mesmos. Com a ajuda de técnicas eficazes, os autores mostram o caminho das pedras – o aprendizado da convivência em grupo, independente das diferenças – e os atalhos para impedir que as pessoas que lhe incomodam enfraqueçam seu desempenho no trabalho e na vida pessoal.

Os princípios de liderança de Jack Welch
JEFFREY A. KRAMES

Considerado um dos maiores líderes empresariais do século XX, Jack Welch comandou durante duas décadas a General Electric, onde reescreveu as regras de liderança ao propor que os colaboradores dissessem o que precisava ser feito. Sob o comando de Welch, a GE mostrou que é possível se reinventar e permanecer na liderança das mais valiosas corporações do mundo.

Welch revela os conceitos que desenvolveu para executar a maior mudança corporativa da história. Cheio de sugestões e idéias práticas, esse livro ensina como uma liderança inovadora pode incentivar as pessoas a contribuir muito além do normal, encontrar satisfação na carreira e criar um ambiente de trabalho transformador e estimulante.

Como se tornar mais organizado e produtivo
KEN ZEIGLER

Esse livro apresenta uma série de ferramentas, idéias e dicas para você planejar seu cotidiano de maneira inteligente. Ensina também a desenvolver um planejamento diário e mensal que irá reduzir a tensão dos prazos e ajudá-lo a manter uma rotina produtiva.

Aplicando as 24 lições sugeridas nesse livro, você vai aprender a se dedicar ao que é mais importante e a gerenciar sua vida – pessoal e profissional – com mais competência.

Como ser um vendedor de sucesso
LINDA RICHARDSON

Como ser um vendedor de sucesso mostra que mais importante do que aquilo que você *diz* aos clientes é a maneira como você *escuta* o que eles têm a dizer. No ambiente competitivo de hoje, o modelo clássico de abordagem de vendas está ultrapassado – agora é preciso vender soluções em vez de produtos.

A autora apresenta um programa de seis passos, testado na prática, que ensina como escutar os clientes e descobrir suas necessidades. Você vai aprender a agregar valor, apresentar novos enfoques e mostrar como o seu produto ou serviço atende à demanda do seu cliente.

Por que os clientes não fazem o que você espera?
FERDINAND FOURNIES

Simples e direto, esse livro ensina a gerenciar cada uma das etapas do processo de vendas e a direcionar o cliente para a ação. Ele ajudará você a reconhecer e resolver os 24 problemas e objeções mais comuns que ocorrem nessa área.

O manual do novo gerente
MOREY STETTNER

O manual do novo gerente fornece valiosas sugestões e dicas para que você se integre à sua equipe enquanto a estimula a conquistar performances e resultados surpreendentes. Dê a si mesmo a oportunidade de ser bem-sucedido e aprenda como conquistar o respeito tanto de seus colaboradores quanto de seus supervisores.

Networking:
Desenvolva sua carreira criando bons relacionamentos
DIANE DARLING

Esse livro se baseia na idéia de que todo mundo pode aprender a fazer networking de maneira eficaz. E traz 24 dicas para desenvolver um programa de ações envolvendo as pessoas que você conhece e as que virá a conhecer – além de um planejamento estratégico para você conseguir o que deseja, enquanto ajuda os outros a também realizarem seus desejos.

INFORMAÇÕES SOBRE A SEXTANTE

Para saber mais sobre os títulos e autores
da EDITORA SEXTANTE,
visite o site www.sextante.com.br
e curta as nossas redes sociais.
Além de informações sobre os próximos lançamentos,
você terá acesso a conteúdos exclusivos
e poderá participar de promoções e sorteios.

- www.sextante.com.br
- facebook.com/esextante
- twitter.com/sextante
- instagram.com/editorasextante
- skoob.com.br/sextante

Se quiser receber informações por e-mail,
basta se cadastrar diretamente no nosso site
ou enviar uma mensagem para
atendimento@esextante.com.br

Editora Sextante
Rua Voluntários da Pátria, 45 / 1.404 – Botafogo
Rio de Janeiro – RJ – 22270-000 – Brasil
Telefone: (21) 2538-4100 – Fax: (21) 2286-9244
E-mail: atendimento@esextante.com.br